Haack Weltatlas

Atlasführerschein

Klett

Die ersten Fragen sind leicht. Du weißt sicherlich die richtige Antwort aus dem Kopf.

Trage hier bitte deinen Namen ein: ______________________

1

Was ist das für ein Bild? Kreuze an:

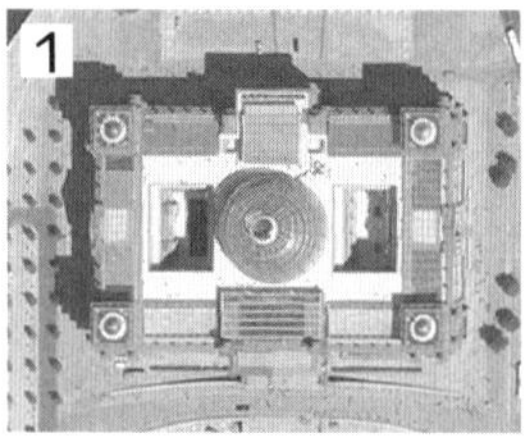

Bild 1 ist ein
- ☐ Schrägluftbild
- ☐ Senkrechtbild

Bild 2 ist ein
- ☐ Schrägluftbild
- ☐ Senkrechtbild

___ / 2

2

Kennst du diese Kartenzeichen noch? Ja, das sind Signaturen für:

 ______________________

 ______________________

 ______________________

 ______________________

___ / 2

3

Berlin ist auf drei Atlaskarten jedes Mal anders dargestellt. Kreuze die Karte an, die am **stärksten verkleinert** ist.

☐ 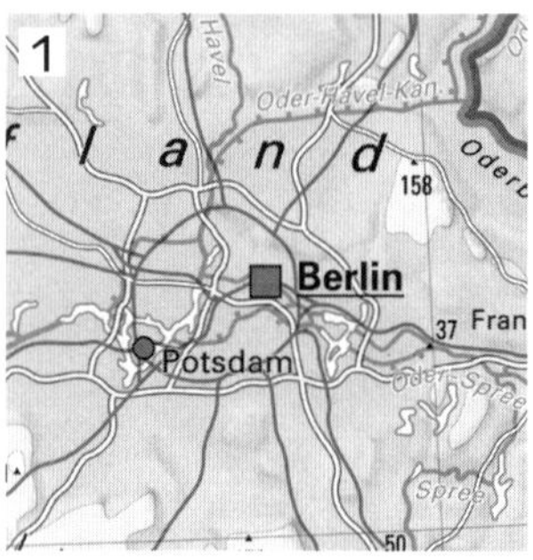

☐ 

☐ 

___ / 2

4

Hermann hatte auf dem Navigationsgerät im Ballon abgelesen: 60° westliche Länge und 30° nördliche Breite. Warum hat er die Lage im Gradnetz, aber kein Gradnetzfeld angegeben? Kreuze die **zwei** richtigen Antworten an:

- ☐ Weil man sich überall auf der Welt auf ein einheitliches Gradnetz geeinigt hat.
- ☐ Weil Gradnetzfelder auf jeder Atlaskarte unterschiedlich sein können.
- ☐ Weil er die Position seines Ballons im Atlas nicht so schnell finden konnte.

___ / 2

5

Wie findest du am schnellsten einen Ort im Atlas? Kreuze die **beste** Lösung an:

- ☐ Ich blättere im Atlas und suche.
- ☐ Ich suche im Inhaltsverzeichnis.
- ☐ Ich schaue zuerst im Namenregister nach.
- ☐ Ich schlage die Seite 11 im Atlas auf und orientiere mich.

___ / 2

6

Schlage die Atlaskarte Seite 16 auf und bestimme Entfernungen. In den Klammern steht immer das Gradnetzfeld der Orte. Kreuze die richtige Entfernung an:

a) Hamburg (CD2) – Bremen (C2) ☐ 70 km ☐ 80 km ☐ 90 km ☐ 100 km
Bremen (C2) – Hannover (C2) ☐ 80 km ☐ 90 km ☐ 100 km ☐ 110 km ___ / 2

b) 1 cm auf dieser Atlaskarte stellen in der Natur 30 km dar. Die Strecke von München (D4) nach Nürnberg (D4) misst aber 5 cm. Wie viele Kilometer sind das in der Natur?
Kreuze an: ☐ 140 km ☐ 150 km ☐ 160 km ☐ 170 km ___ / 2

7

Bestimme auf der Atlaskarte Seite 16 die Höhe von vier Städten. Auf der Klappe vorne im Atlas findest du eine Legende für Höhenschichten. Kreuze die richtige Höhe an:

	0–100 m	100–200 m	200–500 m	500–1000 m	1000–2000 m
Bremen (C2)	☐	☐	☐	☐	☐
Dresden (E3)	☐	☐	☐	☐	☐
Stuttgart (C4)	☐	☐	☐	☐	☐
München (D4)	☐	☐	☐	☐	☐

___ / 4

8

Schlage die Seiten 208–209 im Atlas auf. Suche die folgenden Längen- und Breitenkreise und zeichne sie in die Weltkarte ein:

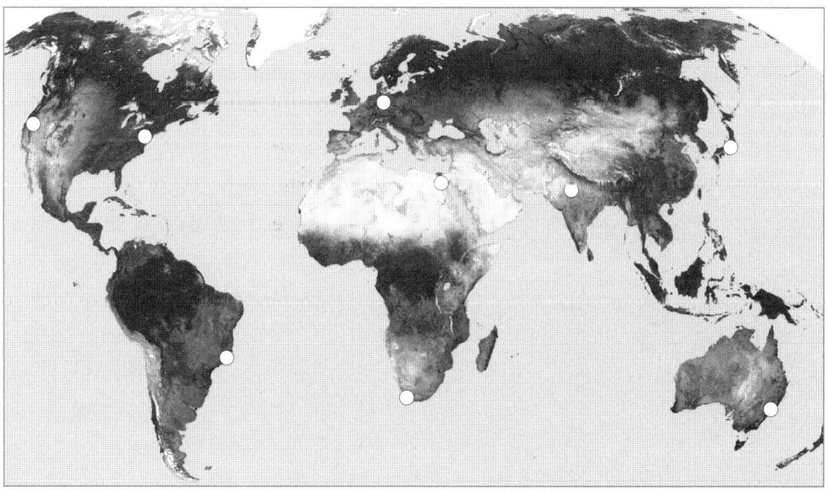

a) den Äquator,

b) den Nullmeridian, der durch Greenwich in London geht,

c) den Längenkreis 60° östlicher Länge,

d) den Breitenkreis 30° südlicher Breite. ___ / 4

9

Suche die folgenden fünf Städte auf der Atlaskarte Seite 208–209 und trage sie mit ihrem ersten Buchstaben in die Weltkarte oben ein:
Berlin (M3), **T**okyo (V4), **S**ydney (W9), **K**apstadt (N9), **R**io de Janeiro (J8) ___ / 5

10

In welchen Himmelsrichtungen liegen die anderen Kontinente von Europa aus? Schreibe an die Himmelsrichtungen die richtigen Abkürzungen: Nordamerika (NA), Südamerika (SA), Afrika (AF), Australien (AU) und Asien (AS).

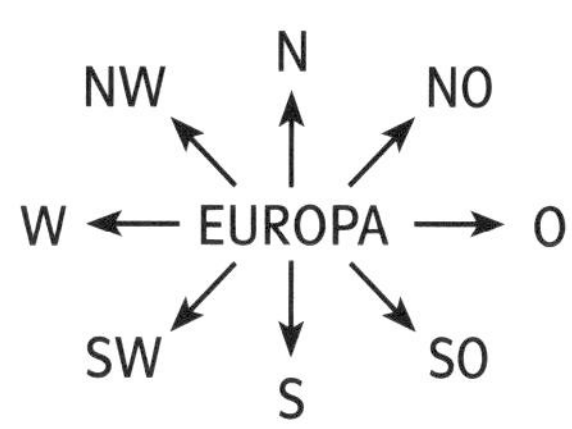

___ / 5

Urkunde

____

Name der Schülerin / des Schülers

hat in der Prüfung zum Atlasführerschein folgendes Ergebnis erzielt:

☐ **30 Punkte und mehr**	Ausgezeichnet, du kennst dich wirklich prima aus.
☐ **20 – 29 Punkte**	Sehr gut, du kannst also schon allein mit dem Atlas arbeiten.
☐ **10 – 19 Punkte**	Gut, aber noch mit Lücken. Mit etwas mehr Übung bist du fit.
☐ **9 Punkte und weniger**	Schade, du musst noch viel üben. Frage deine Lehrerin oder deinen Lehrer, was du am besten machen kannst.

Der Klett-Perthes Verlag gratuliert zum Atlasführerschein und wünscht weiterhin viel Spaß mit dem neuen Haack Weltatlas.

Ulrich Lippert

____

für den Verlag

____

Unterschrift der Lehrerin / des Lehrers

Haack Weltatlas · Klett-Perthes Verlag GmbH, Gotha · Klett

Hallo, ich bin Lea aus Hamburg. Ich habe eine Ballonfahrt für zwei Personen gewonnen.
Ich nehme meinen Cousin Tim mit. Er steigt in München zu.
Und ich bin Hermann, der schlaue Seehund von der Nordsee. Ich bin der Pilot. Ich habe einen tollen Ballon besorgt.

1

2

3

❶

Leas Bilder sind leider beim Entwickeln durcheinander geraten. Wo ist das Foto? Wo das Schrägluftbild und wo das Senkrechtluftbild?

 a) ist das

____

 b) ist das

____

 c) ist das

____

❷

Auf welchem von Bild 1 bis 3 kann man die Säulen vor dem Reichstag nicht mehr sehen, dafür aber den Boden in den beiden Innenhöfen?

Auf dem Bild Nr. ______ , denn es ist ein ____________________________ .

Jetzt kannst du normale Fotos von Schrägluftbildern und Senkrechtluftbildern unterscheiden.

1
Zeichne Leas Weg in die Kartenskizze rechts ein.

2
Zeichne in diese Kartenskizze das Brandenburger Tor ein.

3
Wieso sind auf dem Luftbild die Schiffe da, aber nicht auf der Karte im Atlas?

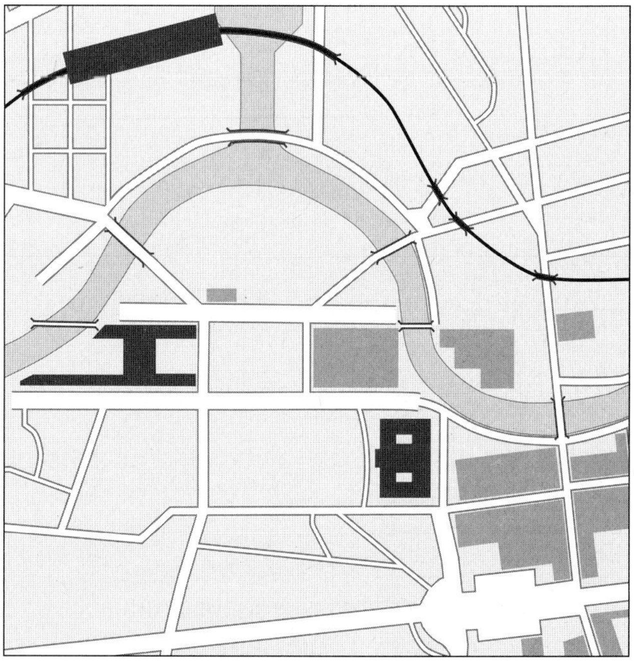

Du kannst jetzt Luftbild und Karte miteinander vergleichen.

Was sind denn das für Zeichen?

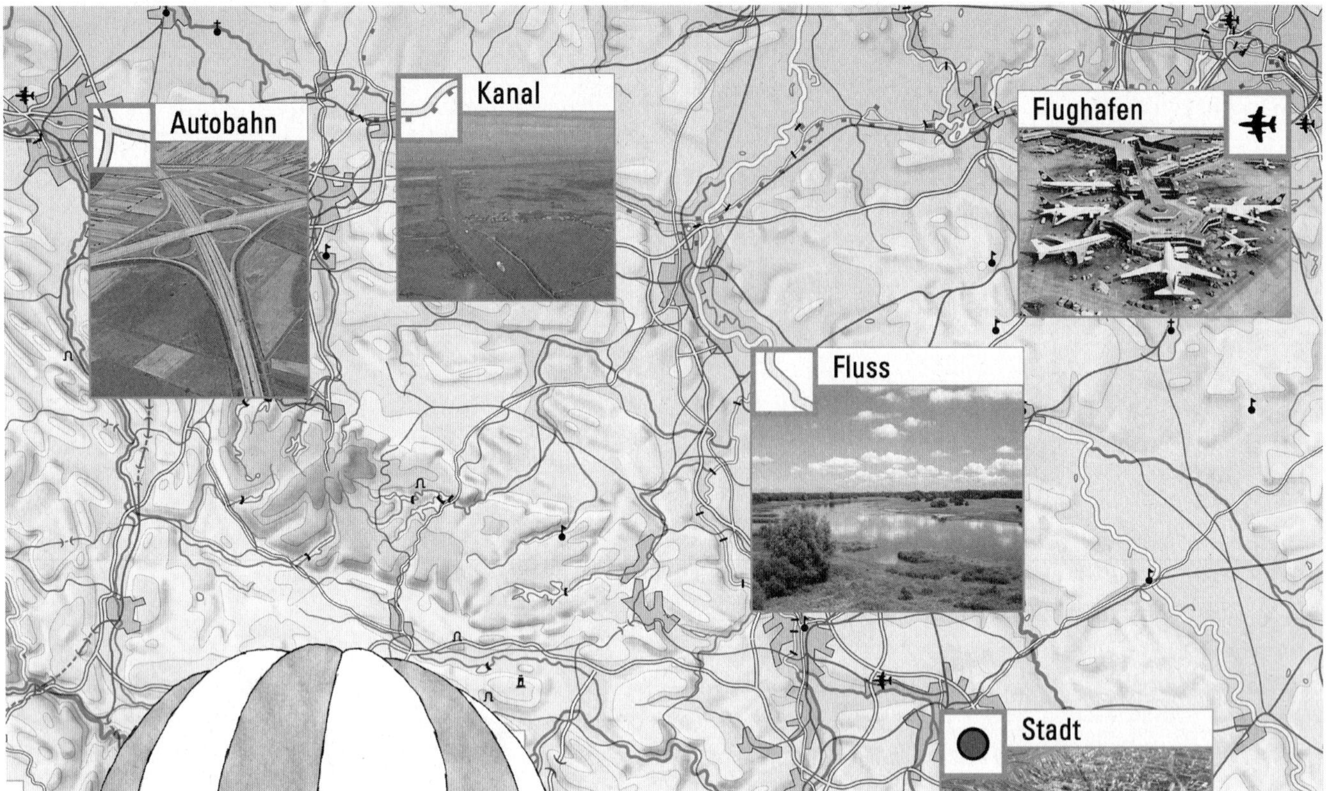

1
Wie viele Flughäfen sind in der Atlaseinführung Seite neun eingezeichnet? ___________

2
Trage die richtigen Signaturen und die richtigen Bedeutungen in die Tabelle rechts ein.

3
Vorne im Atlas gibt es eine Klappe mit vielen Signaturen. Wie heißt die Überschrift?

____

Bedeutung	Signatur
Flughafen	

Schloss, Burg	
	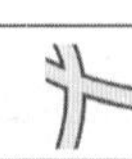
Kanal	
Straße	

Du kennst nun das Aussehen und die Bedeutung von Signaturen im Atlas.

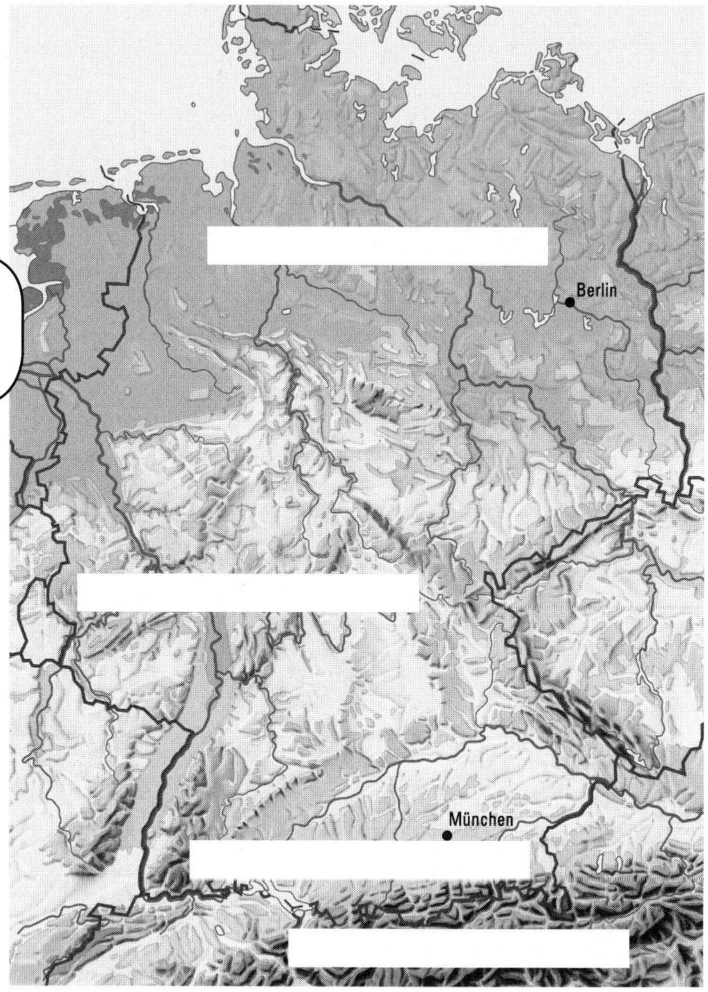

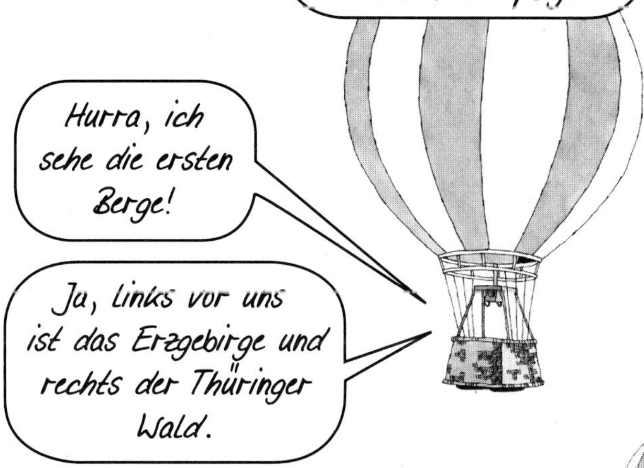

Schau dir jetzt die Seite 16 im Atlas genau an:

1
Wie heißt der große Fluss zwischen Berlin und Leipzig? ________________

2
Der Ballon fährt zwischen Erzgebirge und Thüringer Wald hindurch. Welche anderen Gebirge überquert er dabei? ________________________
und ____________________________

3
Trage die Fahrtroute in die Karte oben ein.

Nun schau dir die Seite 14 oben im Atlas an:

4
Bei der Fahrt hat sich die Landschaft sehr verändert. Wie heißen die vier großen Naturräume Deutschlands? Trage sie in die Karte oben ein.

5
Trage die Grenzen zwischen den Naturräumen in die Karte oben ein.

Du kennst jetzt die vier großen Naturräume Deutschlands und weißt wo sie liegen.

Zwischenlandung in München

1
München ist auf der Seite 21 im Atlas verkleinert dargestellt. Male die Stadt als Signatur bunt an.

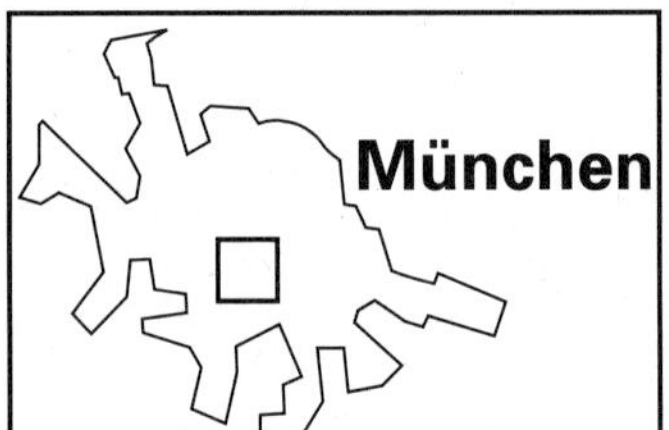

2
Was für eine Signatur hat das Schloss auf dieser Atlasseite? Zeichne es.

☐

3
Warum konnte Lea bei den Autos keine Räder sehen?

____

____

____

Du weißt jetzt, dass Karten die Welt verkleinert abbilden.

1
In der Atlaseinführung Seite elf findest du rechts oben verschiedene Maßstabsleisten. Miss jeweils 1 cm ab und bestimme die Entfernung in der Natur:

Bei 1: 1 500 000 entspricht 1 cm auf der Karte ______ km in der Natur.
Bei 1: 3 000 000 entspricht 1 cm auf der Karte ______ km in der Natur.
Bei 1: 5 000 000 entspricht 1 cm auf der Karte ______ km in der Natur.
Bei 1: 15 000 000 entspricht 1 cm auf der Karte ______ km in der Natur.
Bei 1: 30 000 000 entspricht 1 cm auf der Karte ______ km in der Natur.

2
Welche Städte sind auf der Atlaskarte Seite 16 **weniger als 100 km** von München entfernt? Kreuze sie an:

☐ Augsburg ☐ Ulm ☐ Ingolstadt ☐ Regensburg
☐ Landshut ☐ Rosenheim ☐ Salzburg ☐ Innsbruck

3
Welche von diesen Städte sind auf der Atlasseite 21 **weiter als 50 km** von München entfernt? Kreuze sie an:

☐ Augsburg ☐ Dachau ☐ Ingolstadt ☐ Fürstenfeldbruck
☐ Freising ☐ Erding ☐ Rosenheim ☐ Starnberg

4
Wie weit ist es nun von München bis zu den Alpen? ☐ 30 km ☐ 60 km

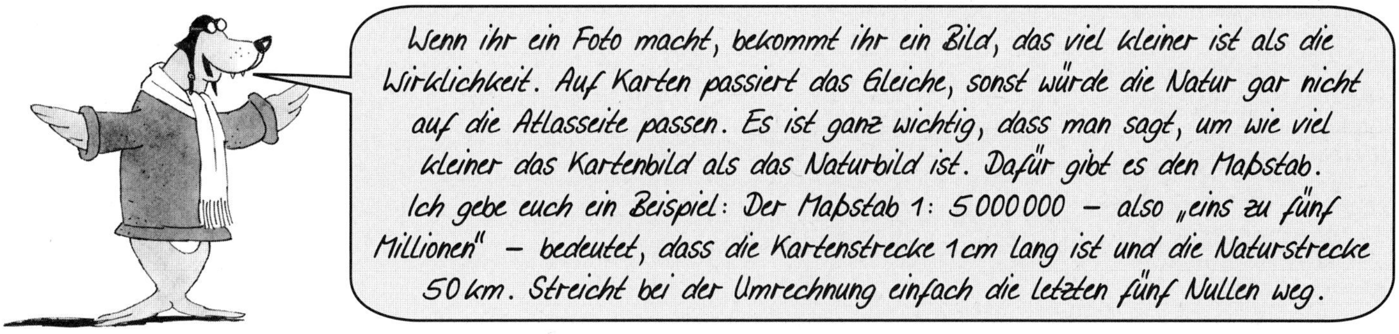

Du kannst jetzt Entfernungen auf der Karte bestimmen.

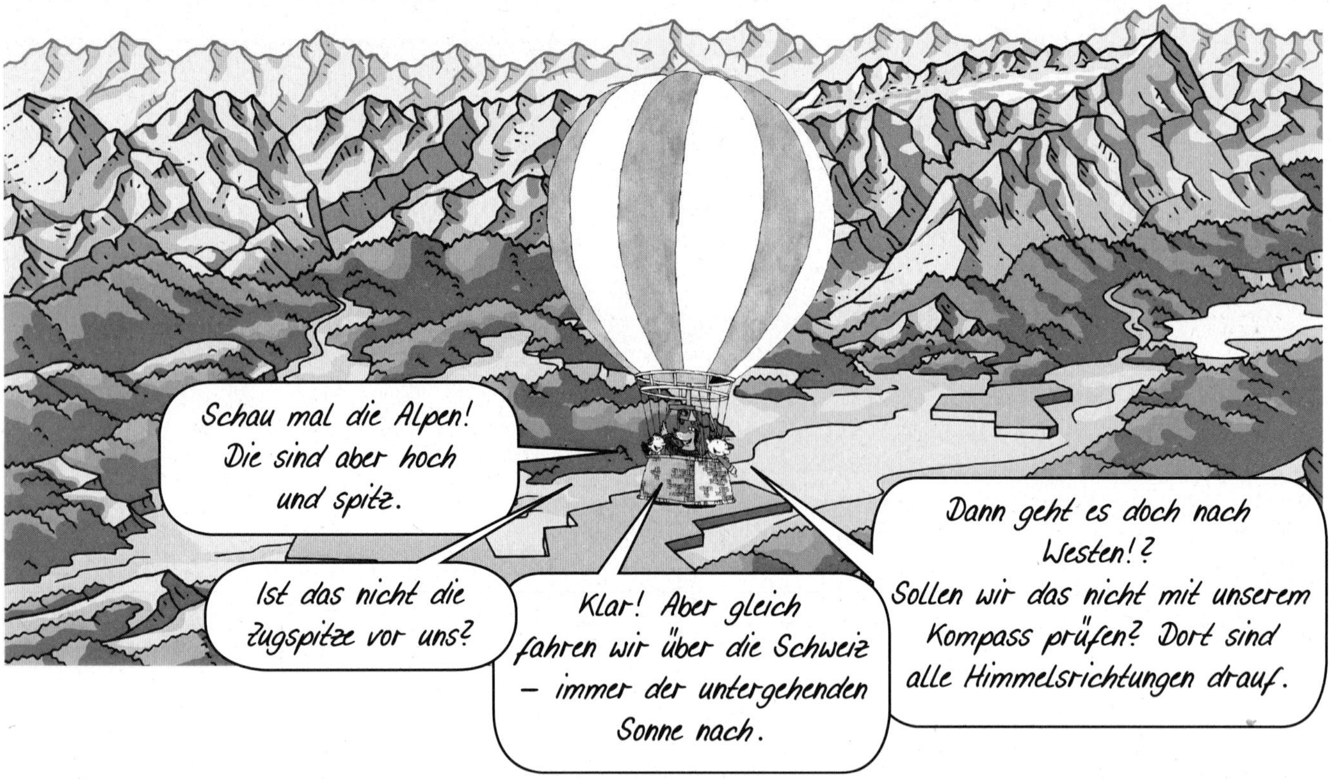

Arbeite mit der Atlaskarte S. 70 – 71

1
Die Ballonfahrt geht von München aus zuerst nach Süden, dann nach Westen. Welche Nachbarländer werden dabei überflogen? ____

____

2
Außer Frankreich hat Deutschland noch drei weitere Nachbarländer im Westen: Es sind ____________, ______________________ und die ______________________ .

3
Welches Land grenzt im Norden an Deutschland? ______________________________________

4
Polen und die Tschechische Republik sind unsere Nachbarn im ____________________ .

Jetzt kennst du die Himmelsrichtungen und die Nachbarländer Deutschlands.

Schau dir im Atlas Seite 208 – 209 die physische Übersicht der Erde genauer an:

1
Amerika besteht aus zwei Kontinenten:
________________ und ________________ .

2
Im Osten von Europa liegt der größte Kontinent:
________________ .

3
Der Ozean östlich von Afrika ist der
________________ .

4
Er wird im Osten begrenzt von dem kleinsten Kontinent: ________________ .

5
Im Westen von Amerika und im Osten von Asien liegt der größte Ozean, der ________________ .

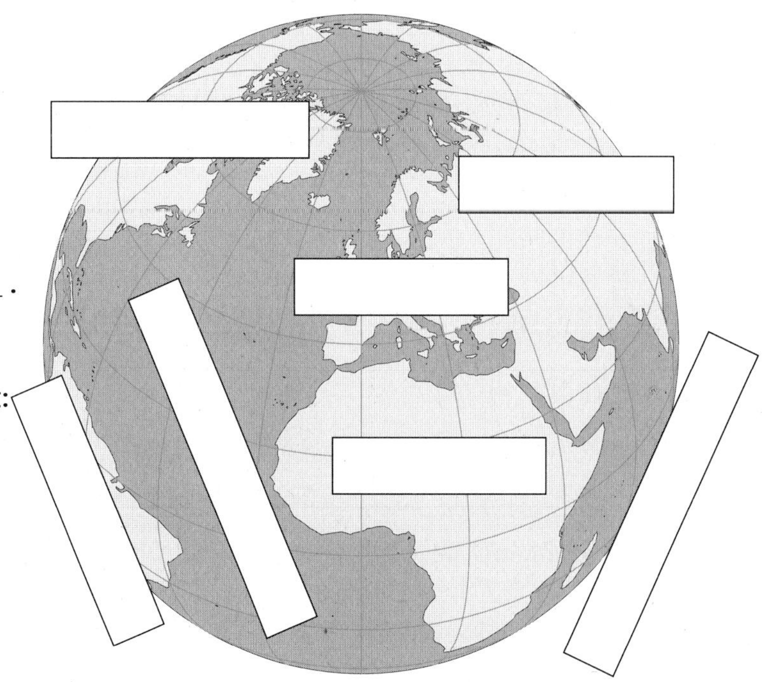

6
Der eisbedeckte Kontinent am Südpol ist die
________________ .

7
Fülle die Kästen auf der Erdkugel aus.

Die Kontinente und Ozeane kennst du jetzt mit dem Namen und ihrer Lage.

1

Markiere mit einem Kreuz die Position des Ballons bei 60° westlicher Länge und 30° nördlicher Breite.

Nun kennst du das Gradnetz der Erde und weißt, wofür es wichtig ist.

Arbeite mit der Atlaskarte auf Seite 208 – 209

1
Wie heißen die Inseln, die Lea vor sich sieht? ______________________________

2
Welche amerikanische Stadt liegt bei 90° westlicher Länge und 30° nördlicher Breite?
Kreuze an: ☐ San Antonio ☐ Houston ☐ New Orleans

3
Durch welche Kontinente verläuft der Äquator? Unterstreiche die richtigen Kontinente:
Europa, Asien, Australien, Afrika, Nordamerika, Südamerika, Antarktis

4
Liegt Australien westlich oder östlich des Nullmeridians? Australien liegt ______________ .

Nun kannst du Orte mit Hilfe des Gradnetzes bestimmen.

Auf zum Treffen der Ballonfahrer

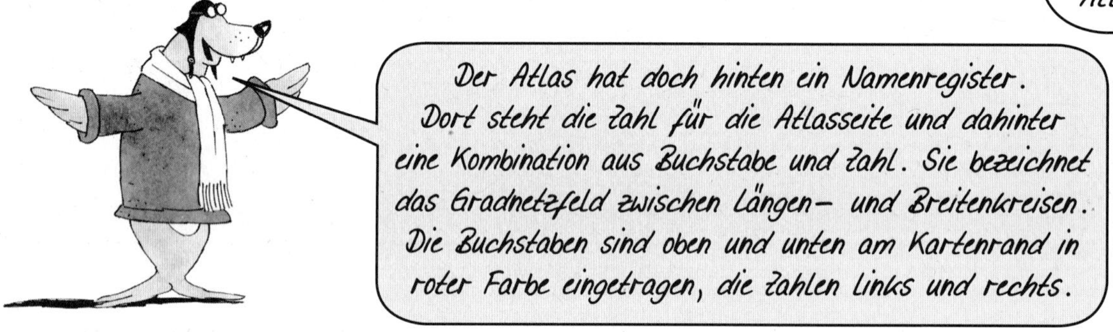

1

Suche den Namen „San Francisco" im Namenregister und schreibe Seitenzahl und Gradnetzfeld heraus:

	Seitenzahl	Gradnetzfeld
San Fernando de Apure	196/197	D 2
San Francisco	________	________

2

Wie heißt die Atlaskarte, die du gefunden hast? ______________________________

3

Wo liegt nun San Francisco genau? Kreuze alles an, was richtig ist:

☐ Am Pazifischen Ozean ☐ Im Bundesstaat California ☐ Nördlich von Los Angeles

4

In welchem Gradnetzfeld liegt San Francisco aber auf der Atlaskarte Seite 210/211? ____________

Du weißt nun, wofür ein Namenregister gut ist und wie es funktioniert.

Nun bist du auch fit im Umgang mit dem Namenregister.

Bom dia! Ich bin Maria aus Brasilien. Mein Land liegt in Südamerika auf der Südhalbkugel. Bei uns gibt es den größten Fluss der Welt, und? (Seinen Namen findest du leicht auf der Seite 194 im Atlas.)

______

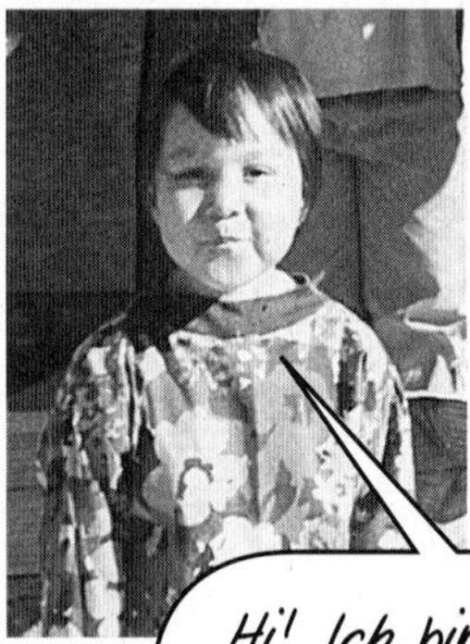

Hi! Ich bin Nyla von einer großen Insel im Atlantik nicht weit vom Nordpol. Bei uns ist nur die Küste bewohnt, im Innern der Insel ist ewiges Eis. Ich wette, du weißt wo ich wohne. Also? (Schau ruhig auf der Seite 176 im Atlas nach.)

______

Merhaba! Ali heiße ich. Wir wohnen in Ägypten am Nil. Im Westen von uns liegt die größte Wüste der Welt. Du kennst sie bestimmt. (Sonst schau auf die Atlasseite 160.)

______

Hello! Meine Eltern und mein Bruder nennen mich einfach Joe. Wir wohnen auf einer großen Schaffarm mitten im kleinsten Kontinent. Du weißt doch schon wo, oder? (Du brauchst nur auf die Atlasseite 172 zu schauen.)

______

Du kennst jetzt die physischen Übersichten der Kontinente im Atlas.

1
Unter den Fotos oben ist ein Kästchen. Schreibe den Namen des Kindes rein, das dort wohnt.

2
Zeichne vom Foto aus einen Pfeil zu dem Ort auf der Karte.

3
Im Atlas auf Seite 212 – 213 gibt es ein Satellitenbild von der Erde.

a) An welcher Farbe kann man darauf die Sahara erkennen? ______________________

b) Wie ist der Tropische Regenwald am Amazonas dargestellt? ______________________

c) Woran kannst du erkennen, dass auf Grönland der Lebensraum der Menschen sehr klein und sehr kalt ist? ______________________

d) An welcher Farbe kann man die Alpen erkennen? ______________________

Jetzt kannst du dich schon prima auf der Erde orientieren.

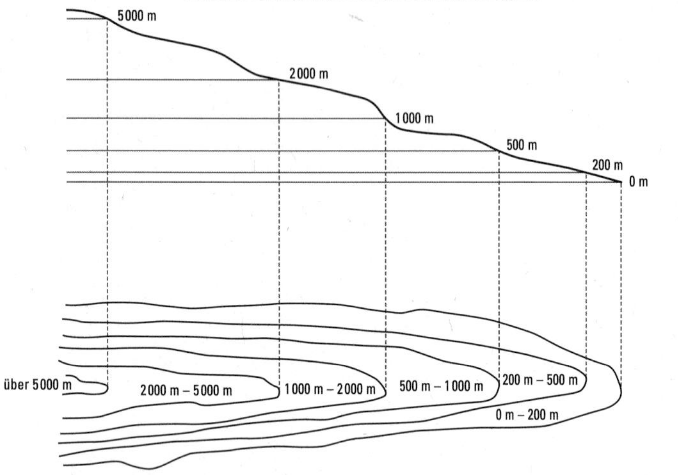

1
Übertrage die Farben des Blockbildes aus dem Atlas in die Zeichnung.

2
Der Mount Everest ist der höchste Berg der Erde. Du findest ihn im Gradnetzfeld H 5.
Er ist ____________ m hoch.

3
In welchem Gradnetzfeld liegt der Mt. Everest auf der Atlaskarte Seite 126 – 127? ____________

4
Viele Berge auf dieser Karte haben keine braune, sondern eine weiße Farbe. Was kann das bedeuten?
Kreuze die richtige Antwort an:
☐ Sie sind in Wolken verborgen. ☐ Sie sind mit Eis bedeckt. ☐ Man weiß nicht, wie es dort aussieht.

5
Welche Route können Hermann, Lea und Tim vom Gangestiefland (J 7) aus wählen, um sicher nach Deutschland zu kommen? ____

____

Nun kannst du die Höhenlage von Orten und Gebieten im Atlas ablesen.

